Το Τιάρα Κλαμπ στο Ρουμπινένιο Μέγαρο

Για τη δική μου πριγκίπισσα Τζέσικα,
με ΠΟΛΛΗ αγάπη.
Β.Φ.

Συγγραφέας και τίτλος πρωτοτύπου:
VIVIAN FRENCH
«Princess Jessica and the Best-Friend Bracelet»

First published in Great Britain by Orchard Books in 2007

Μετάφραση: Πετρούλα Γαβριηλίδου
Διορθώσεις: Ελένη Μπολοβίνου

Παραγωγή: ΜΙΝΩΑΣ Α.Ε.Ε.

1η έκδοση στην Ελλάδα: Απρίλιος 2009

Τ.Θ. 504 88, 141 10 Ν. Ηράκλειο, ΑΘΗΝΑ
τηλ.: 210 27 11 222 – fax: 210 27 11 056
www.minoas.gr • e-mail: info@minoas.gr

ISBN 978-960-699-920-8

Τιάρα Κλαμπ στο Ρουμπινένιο Μέγαρο

Η Πριγκίπισσα Τζέσικα και το Βραχιόλι της Φιλίας

Κείμενο: Βίβιαν Φρεντς
Εικονογράφηση: Σάρα Γκιμπ
Μετάφραση: Πετρούλα Γαβριηλίδου

ΜΙΝΩΑΣ
ΕΚΔΟΣΕΙΣ

Βασιλική Ακαδημία Εκπαίδευσης για Ιδανικές Πριγκίπισσες

(γνωστή στις μαθήτριες ως *Πριγκιπική Ακαδημία*)

Η ΑΡΧΗ ΤΟΥ ΣΧΟΛΕΙΟΥ ΜΑΣ:

Μια πριγκίπισσα σκέφτεται πάντα τους άλλους πριν από τον εαυτό της. Είναι ευγενική, φροντίζει όλους τους ανθρώπους και λέει πάντα την αλήθεια.

Η εκπαίδευση στο Ρουμπινένιο Μέγαρο είναι πλήρης, με έμφαση στη δημιουργία και τις τέχνες. Η σχολική ύλη περιλαμβάνει, εκτός των άλλων:

Δημιουργικές ιδέες για το Φεστιβάλ Φιλίας

Δημιουργία ανθοδεσμών (όλα τα αγκάθια θα πρέπει να αφαιρούνται)

Μπαλέτο για μια κορμοστασιά όλο χάρη και κομψότητα

Επίσκεψη στην έκθεση διαμαντιών (με ευχάριστη αφορμή τα γενέθλια της βασίλισσας Φαμπιόλα)

Η βασίλισσα Φαμπιόλα, η διευθύντρια του σχολείου, είναι παρούσα ανά πάσα στιγμή και οι μαθήτριες βρίσκονται υπό την προστασία της νεράιδας Τζέι και της βοηθού της, της νεράιδας Ανγκόρα.

Καθηγητικό προσωπικό:

ΒΑΣΙΛΙΑΣ ΜΠΕΡΝΑΡΝΤΟ Ο 4ος
(Διευθυντής του Ρουμπινένιου Μεγάρου)

ΛΑΙΔΗ ΧΑΡΙΣ
(Γραμματέας της βασίλισσας Φαμπιόλα)

ΛΑΙΔΗ ΑΡΑΜΙΝΤΑ
(Οικοδέσποινα της Πριγκιπικής Ακαδημίας)

ΒΑΣΙΛΙΣΣΑ ΜΗΤΕΡΑ ΜΑΤΙΛΝΤΑ
(Πρωτόκολλο, πόζες, ανθοδέσμες)

Απονέμουμε πόντους ΤΙΑΡΑ, για να ενθαρρύνουμε τις πριγκίπισσες να προχωρήσουν στο επόμενο στάδιο. Όλες οι πριγκίπισσες που κερδίζουν τους πόντους που χρειάζονται θα παραστούν σε έναν εορταστικό χορό, όπου θα τους απονεμηθούν οι ρουμπινένιες εσάρπες.

Οι πριγκίπισσες που έχουν κερδίσει τις ρουμπινένιες εσάρπες τους μπορούν να φοιτήσουν τον επόμενο χρόνο στο Μαργαριταρένιο Παλάτι, μια πολύ ιδιαίτερη σχολή για Ιδανικές Πριγκίπισσες που επιθυμούν εκπαίδευση ανωτέρου επιπέδου.

ΑΠΑΡΑΙΤΗΤΕΣ ΠΡΟΫΠΟΘΕΣΕΙΣ ΠΡΟΣΕΛΕΥΣΗΣ

Οι πριγκίπισσες πρέπει να προσέλθουν στην Ακαδημία το *λιγότερο* με:

ΕΙΚΟΣΙ ΤΟΥΑΛΕΤΕΣ ΧΟΡΟΥ
(με όλα τα απαραίτητα στεφάνια φορεμάτων, μεσοφόρια κ.λπ.)

ΕΙΚΟΣΙ ΚΑΘΗΜΕΡΙΝΑ ΦΟΡΕΜΑΤΑ

ΕΦΤΑ ΤΟΥΑΛΕΤΕΣ
κατάλληλες για πάρτι σε εξωτερικούς χώρους και άλλες ειδικές εκδηλώσεις

ΔΩΔΕΚΑ ΤΙΑΡΕΣ

ΠΑΠΟΥΤΣΙΑ ΧΟΡΟΥ
πέντε ζευγάρια

ΒΕΛΟΥΔΙΝΕΣ ΠΑΝΤΟΦΛΕΣ
τρία ζευγάρια

ΜΠΟΤΕΣ ΙΠΠΑΣΙΑΣ
δύο ζευγάρια

Μανδύες, μανσόν, εσάρπες, γάντια κι άλλα απαραίτητα πριγκιπικά αξεσουάρ

Γεια σου! Εγώ είμαι! Η πριγκίπισσα Τζέσικα!

Και χαίρομαι πολύ που σε γνωρίζω και που είσαι μαζί μας εδώ στον Κόκκινο Κοιτώνα. Μας ξέρεις όλες; Εκτός από εμένα, είναι η Χλόη, η Ολίβια, η Λόρεν, η Τζόρτζια και η Έιμυ. Και η Σαρλότ, η Κέιτ, η Νταίζυ, η Αλίκη, η Σοφία και η Έμιλυ από το Ροζ Κοιτώνα, δίπλα από εμάς. Όλα θα ήταν τέλεια αν δεν υπήρχαν οι απαίσιες δίδυμες, η Ντάιαμοντ και η Γκρουέλα – οι οποίες όλο και χειροτερεύουν, ειδικά η Ντάιαμοντ!

Κεφάλαιο Ένα

—ΜΑΚΑΡΙ να ήξερα πού είναι, είπε η Έιμυ για εκατοστή φορά από το πρωί και εγώ με τη Χλόη και την Ολίβια κουνήσαμε συγκαταβατικά το κεφάλι.

Ήμασταν στο αναγνωστήριο και προσπαθούσαμε να τελειώσουμε τις ασκήσεις των Μαθηματικών μας, αλλά η Έιμυ είχε χάσει το ρολόι της και δε μας άφηνε να συγκεντρωθούμε.

—Μήπως το άφησες στην γκαρνταρόμπα; ρώτησε η Ολίβια.

Η Έιμυ κούνησε αρνητικά το κεφάλι της.

—Έχω ψάξει ΠΑΝΤΟΥ. Έχει εξαφανιστεί.

Ήμουν έτοιμη να της πω να κοιτάξει στις τσέπες της όταν ήρθε σαν σίφουνας η Λόρεν.

—Τα μάθατε; ρώτησε. Θα πάρουμε μέρος σε ένα Φεστιβάλ Φιλίας! Η νεράιδα Τζέι μού το είπε! Και πριν από το φεστιβάλ θα γίνει ένας διαγωνισμός! Πρέπει να σκεφτούμε κάτι πολύ ιδιαίτερο για να χαρίσουμε στις φίλες μας και οι πριγκίπισσες του κοιτώνα που θα έχουν την καλύτερη ιδέα για το δώρο θα μπουν μπροστά μπροστά στην Πομπή της Φιλίας που θα γυρίσει όλη την πόλη!

—Πομπή; πετάχτηκε η Χλόη. Με πόνι; Δηλαδή θα είμαστε πάνω σε πόνι;

Η Λόρεν έγνεψε καταφατικά και τα μάτια της έλαμπαν.

–Δεν είναι ΘΑΥΜΑΣΙΟ; Οι στάβλοι έχουν ΓΕΜΙΣΕΙ με τα πιο χαριτωμένα γκρίζα πόνι που έχετε δει ποτέ – οχ! Η Λόρεν έκλεισε το στόμα της με τα χέρια

της. Η νεράιδα Τζέι μού είπε να μην το πω! Υποτίθεται ότι είναι έκπληξη! Κορίτσια, ΠΡΕΠΕΙ να νικήσουμε! Πάμε γρήγορα να σκεφτούμε το δώρο! είπε και έφυγε πάλι σαν σίφουνας.

Κοιταχτήκαμε μεταξύ μας.

–Πραγματικά, ακούγεται υπέροχο, είπα. Μικρά χαριτωμένα πόνι! Θα είναι πολύ γλυκά!

–Και λογικά, πρέπει να κερδίσουμε, γιατί είμαστε οι καλύτερες φίλες του κόσμου, πρόσθεσε η Ολίβια.

Η Χλόη μάσησε την άκρη του μολυβιού της.

–Ελπίζω τα πόνι να μην είναι πολύ ζωηρά. Φαντάζεστε να πέσω μπροστά σε τόσο κόσμο; Θα πεθάνω από την ντροπή μου!

—Δεν πρόκειται να πέσεις, είπα. Είναι εύκολη η ιππασία!

Η Έιμυ με κοίταξε.

—Η αλήθεια είναι, είπε, ότι δεν είναι εύκολη η ιππασία όταν φοβάσαι. Δάγκωσε τα χείλη της και συνέχισε. Να σας πω ένα μυστικό; Έπεσα από ένα πόνι όταν ήμουν μικρή και από τότε φοβάμαι πάρα πολύ να ιππεύσω ξανά. Ακόμα βλέπω εφιάλτες ότι πέφτω... ήταν ΑΠΑΙΣΙΟ!

—Δε σε ανάγκασαν να ανέβεις αμέσως ξανά; ρώτησα. Εμένα αυτό μου έκαναν.

Η Έιμυ κοκκίνισε.

—Η μαμά μου δε με άφησε να ξανανέβω, είπε. ΣΑΣ ΠΑΡΑΚΑΛΩ ΜΗΝ το πείτε σε κανέναν! Σας παρακαλώ! Αν νικήσουμε, θα προσπαθήσω ΠΑΡΑ ΠΟΛΥ να φανώ γενναία...

Οι Ιδανικές Πριγκίπισσες
δε μαρτυρούν ΠΟΤΕ
τα μυστικά των άλλων!

Φυσικά, της υποσχεθήκαμε όλες ότι δε θα το πούμε. Οι Ιδανικές Πριγκίπισσες δε μαρτυρούν ΠΟΤΕ τα μυστικά των άλλων!

— Εξάλλου, η νεράιδα Τζέι ποτέ δε θα σε ανάγκαζε να ιππεύσεις, είπε η Χλόη. (Η νεράιδα Τζέι είναι η Νεραϊδονονά μας και μας προσέχει πάντα.) Άσε που μπορεί και να μην κερδίσουμε. Ας τελειώσουμε τις ασκήσεις μας και μετά πάμε να βρούμε τη Λόρεν και την Τζόρτζια για να σκεφτούμε ιδέες για το δώρο.

—Και να τις ρωτήσουμε αν βρήκαν το ρολόι μου, είπε η Έιμυ. Αν και δε νομίζω πως θα το ξαναδώ.

Κοίταξα το βιβλίο των Μαθηματικών και αναστέναξα.

—Πώς στην ευχή να ξέρουμε πόσο κοστίζει να καθαρίσει κανείς τα παράθυρα του παλατιού;

—Τι λέτε να απαντήσουμε «Εξαρτάται

πόσα παράθυρα έχει το παλάτι»; πρότεινε η Ολίβια.

—Έξυπνη απάντηση, είπα.

Οι υπόλοιπες συμφώνησαν και, αφού τελειώσαμε, τακτοποιήσαμε τα βιβλία μας και προσπαθήσαμε να φύγουμε.

Εγώ έφυγα τελευταία και, όπως πλησίαζα την πόρτα, πρόσεξα τις δίδυμες που κρύβονταν σε μία γωνία, πίσω από μια βιβλιοθήκη. Κάτι ψιθύριζαν και έμοιαζαν ΠΟΛΥ ικανοποιημένες. Δε μου το έβγαζες από το μυαλό ότι μας κατα-

σκόπευαν, αλλά είπα στον εαυτό μου: «Μία Ιδανική Πριγκίπισσα δε σκέφτεται ποτέ άσχημα για τους άλλους» και έτρεξα να προλάβω τις φίλες μου. Τότε σκόνταψα στο χαλί κι έπεσα.

ΜΠΟΥΜ!

Μου κόπηκε η ανάσα και, επιπλέον, ένιωσα ΠΟΛΥ ηλίθια. Σηκώθηκα όσο πιο γρήγορα μπορούσα, αλλά ξαφνικά είδα το ρολόι της Έιμυ σε μια γωνία. Μου ξέφυγε ένα επιφώνημα χαράς – η Έιμυ θα ΤΡΕΛΑΘΕΙ από τη χαρά της που το βρήκα! Το έβαλα στην τσέπη μου, ξεσκόνισα το φόρεμά μου και έφυγα.

Κεφάλαιο Δύο

Όταν μπήκα στο δωμάτιο αναψυχής, η Τζόρτζια τσαλάκωνε ένα κομμάτι χαρτί, η Χλόη έπαιζε με το μολύβι της και η Λόρεν έγερνε πάνω από τον ώμο της.

—Πού είναι η Έιμυ; τις ρώτησα.

—Πήγε με την Ολίβια στον πίνακα ανακοινώσεων για να δουν τους κανόνες του διαγωνισμού, μου απάντησε η Λόρεν.

—Να, η Ολίβια.

Η Λόρεν τής έγνεψε και η Ολίβια πλησίασε και έπεσε βαριά στον καναπέ.

—Πρέπει να σκεφτούμε Δημιουργικούς Τρόπους για να Κάνουμε τη Φίλη μας να Νιώσει Μοναδική, είπε η Ολίβια. Και αν κερδίσουμε, όχι μόνο θα είμαστε επικεφαλής της πομπής, αλλά θα πάρουμε και από δέκα πόντους τιάρα!

Αναρωτιόμουν μήπως η Έιμυ πήγε πάλι να ψάξει για το ρολόι της. Πέθαινα από την αγωνία να δω το πρόσωπό της όταν θα της το έδινα!

—Θα αργήσει η Έιμυ; ρώτησα.

Η Ολίβια σήκωσε τους ώμους της.

—Την άφησα μπροστά στον πίνακα ανακοινώσεων, είπε. Μιλούσε στην Ντάιαμοντ και την Γκρουέλα...

—Θα πάω να τη βρω, είπα. Της έχω μια ΦΟΒΕΡΗ έκπληξη!

Σχεδόν πέταγα κατεβαίνοντας τη σκάλα και ήμουν πολύ τυχερή που δε με πέτυχε καμιά δασκάλα – θα μου έδιναν χιλιάδες αρνητικούς πόντους τιάρα που έτρεχα σαν τρελή. Είδα την Ντάιαμοντ, την Γκρουέλα και την Έιμυ δίπλα στον πίνακα και τις πλησίασα.

—Μάντεψε! είπα στην Έιμυ. Κοίτα τι βρήκα! Και της έδειξα το ρολόι της.

—ΕΥΧΑΡΙΣΤΩ! είπε η Έιμυ, το πήρε και το έδειξε στην Ντάιαμοντ. Δεν είναι υπέροχο να έχεις φίλες που σε προσέχουν;

Η Ντάιαμοντ γύρισε προς το μέρος μου και την είδα να κλείνει το μάτι στην Γκρουέλα.

—Ναι, είπε με πολύ ΑΣΧΗΜΟ ύφος. Είναι υπέροχο να έχεις φίλες – αν είναι ΠΡΑΓΜΑΤΙ φίλες. Ξέρεις, Έιμυ, έχουμε κάτι που πρέπει να σου πούμε για την Τζέσικα. Κούνησε το κεφάλι της σαν να

ήταν πολύ αναστατωμένη. Έτσι δεν είναι, Γκρουέλα;

Η Γκρουέλα έγνεψε καταφατικά.

—Έτσι είναι.

—Έιμυ, συνέχισε η Ντάιαμοντ, η Τζέσικα μας είπε το μυστικό σου. Μας είπε ότι είσαι μια φοβιτσιάρα κι ότι ΑΠΟΚΛΕΙΕΤΑΙ να καταφέρεις να ιππεύσεις!

Ήμουν τόσο ξαφνιασμένη, που δεν μπορούσα να αρθρώσω λέξη. Έμεινα να κοιτάζω την Ντάιαμοντ.

Και τότε έγινε κάτι φοβερό. Η Έιμυ με κοίταξε και τα μάτια της γέμισαν δάκρυα.

—Πώς ΜΠΟΡΕΣΕΣ; μου είπε. Δεν περίμενα ΠΟΤΕ να κάνεις κάτι τέτοιο. Στ' αλήθεια δεν περίμενα…

Έβγαλε ένα αναφιλητό και έφυγε τρέχοντας. Η Ντάιαμοντ χαμογέλασε θριαμβευτικά.

—Εμείς νομίζαμε ότι είστε ΠΟΛΥ καλές φίλες, είπε. Τι κρίμα! Και έφυγε χα-

σκογελώντας με την Γκρουέλα προς την αντίθετη κατεύθυνση.

Ήμουν ΦΟΒΕΡΑ θυμωμένη και στενα-

χωρημένη. Πώς μπόρεσε η Έιμυ να σκεφτεί ότι θα έκανα κάτι τόσο απαίσιο; Ήταν φίλη μου. Δε θα μπορούσα ΠΟΤΕ να μαρτυρήσω τα μυστικά της. Πήρα μια βαθιά ανάσα και γύρισα περπατώντας αργά στο δωμάτιο αναψυχής.

Μόλις μπήκα, κατάλαβα ότι μιλούσαν για εμένα. Η Έιμυ καθόταν στον καναπέ και η Λόρεν με την Τζόρτζια την είχαν αγκαλιά. Όταν πλησίασα, η Έιμυ ρούφηξε τη μύτη της και έκρυψε το πρόσωπό της στο χαρτομάντιλο. Η Χλόη με κοίταξε επίμονα.

— Στ' αλήθεια, Τζέσικα, άρχισε να λέει. Πώς ΜΠΟΡΕΣΕΣ να το κάνεις; Η Έιμυ μάς είπε ότι είπες στις δίδυμες πόσο φοβάται να ιππεύσει – αν και είχες ΥΠΟΣΧΕΘΕΙ να μην το πεις πουθενά!

—Μα δεν είπα τίποτα! διαμαρτυρήθηκα. ΑΛΗΘΕΙΑ, δεν είπα τίποτα!

Η Ολίβια κούνησε το κεφάλι της.

—Λυπάμαι, Τζέσικα, είπε. Λογικά, εσύ το είπες. Πώς αλλιώς το μάθανε; Η Έιμυ το είπε σε εμάς δέκα λεπτά πριν στο αναγνωστήριο!

–Ξαφνικά, μου ήρθε μια έμπνευση.

Μα και οι δίδυμες ήταν εκεί! Τις είδα καθώς έβγαινα από το δωμάτιο – μάλλον μας άκουγαν που μιλάγαμε! Κρύβονταν πίσω από μια βιβλιοθήκη! Όσο εξηγούσα την κατάσταση, η φωνή μου έσβηνε. Έβλεπα στα πρόσωπα των φίλων μου ότι δε με πίστευαν ΚΑΘΟΛΟΥ.

Η Χλόη με κοίταξε αυστηρά.

–*Εγώ* δεν τις είδα εκεί. Γύρισε προς την Ολίβια. Εσύ;

Η Ολίβια κούνησε το κεφάλι της.

– Όχι, είπε.

Η Έιμυ με κοίταξε με ΠΟΛΥ λυπημένο ύφος.

–Είμαι σίγουρη ότι δεν το ήθελες, είπε. Σου ξέφυγε μάλλον… και οι δίδυμες το εκμεταλλεύτηκαν.

Ένιωθα να αρρωσταίνω. Από την πρώτη στιγμή που ήρθα στην Ακαδημία μέχρι και σήμερα, αυτές είναι οι πιο αγαπημένες μου φίλες... και τώρα η Λό-

ρεν με κοίταζε σαν να ήμουν τόσο απαίσια όσο και η Ντάιαμοντ!

Η Έιμυ φύσηξε τη μύτη της.

—Ας το ξεχάσουμε, είπε θαρραλέα. Αν

δεν ήμουν τόσο χαζή και φοβιτσιάρα, τίποτα δε θα είχε συμβεί. Ας σκεφτούμε τι θα κάνουμε για το διαγωνισμό.

—Είσαι μια Ιδανική Πριγκίπισσα, είπε η Χλόη και την αγκάλιασε. Στ' αλήθεια είσαι!

—Και βέβαια είναι, είπε η Ολίβια και μου έριξε ένα παγωμένο βλέμμα. Και νομίζω ότι η Τζέσικα πρέπει να ζητήσει συγνώμη.

—Μα δεν έκανα ΤΙΠΟΤΑ! είπα και δεν άντεξα άλλο. Έβαλα τα κλάματα και βγήκα από το δωμάτιο. Καμιά δεν έτρεξε από πίσω μου και ήξερα γιατί. Νόμιζαν ότι έκλαιγα επειδή έφταιγα, αλλά δεν ήταν αλήθεια. Έκλαιγα γιατί δε με πίστευαν.

Κεφάλαιο Τρία

Πήγα στις τουαλέτες για να μη με δει κανείς, αλλά εκεί ήταν η Έμιλυ που έπλενε τα χέρια της.

—Είσαι καλά; με ρώτησε.

Κατάπια και έγνεψα καταφατικά.

—Ναι, είπα και φύσηξα δυνατά τη μύτη μου.

Η Έμιλυ με κοίταξε χωρίς να με πιστεύει.

—Σίγουρα; είπε.

—Ναι, ευχαριστώ.

Και πράγματι ήταν σχεδόν αλήθεια. Όταν τα πράγματα δεν πάνε καλά, θέλω να ΚΑΝΩ κάτι γι' αυτό και όχι να κλαίγομαι. Γι' αυτό θα πήγαινα στη βιβλιοθήκη και θα έβρισκα την πιο τέλεια ιδέα για το διαγωνισμό φιλίας. Κάτι μέσα μου έλεγε: «Αυτό θα τους δείξει τι φίλη είμαι!».

Ήμουν έτοιμη να βγω από τις τουαλέτες όταν η Έμιλυ με φώναξε.

—Με συγχωρείς, είπε, μπορείς να μου κουμπώσεις το βραχιόλι;

— Φυσικά, είπα και πήρα το βραχιόλι. Α! Τι ωραίο που είναι!

Η Έμιλυ χαμογέλασε.

— Είναι ένα βραχιόλι φιλίας, είπε η Έμιλυ. Η Νταίζυ το έφτιαξε για εμένα στις διακοπές και το φοράω πάντα.

Μόνο που δεν την αγκάλιασα από τη χαρά μου. ΒΡΑΧΙΟΛΙΑ ΦΙΛΙΑΣ! Τέλεια ιδέα!

Αλλά μετά σκέφτηκα ότι μπορεί να τη θέλει η Έμιλυ για το Ροζ Κοιτώνα.

–Όχι, είπε όταν τη ρώτησα. Θα φτιάξουμε βεντάλιες από φτερά. Μην πεις ότι σου το είπα!

–Δε θα το πω, υποσχέθηκα και έφυγα νιώθοντας ΠΟΛΥ καλύτερα. Ήμουν έτοιμη να γυρίσω πίσω στο δωμάτιο αναψυχής, αλλά μετά είχα άλλη μία ιδέα – γιατί να μη δοκίμαζα να φτιάξω πρώτα το βραχιόλι και μετά να το δείξω στις άλλες;

–Σχεδόν πήδαγα από τη χαρά μου πηγαίνοντας στο δωμάτιο χειροτεχνίας και ήμουν τυχερή. Η πόρτα ήταν ανοιχτή και η νεράιδα Ανγκόρα (η βοηθός νεραϊδονονά) συμμάζευε. Ξαφνιάστηκε που με είδε, αλλά είπε μόνο:

— Μπορώ να σε βοηθήσω, γλυκιά μου;

—Ναι, ΕΥΧΑΡΙΣΤΩ! είπα. Θέλω να φτιάξω ένα βραχιόλι φιλίας!

Η νεράιδα Ανγκόρα χαμογέλασε.

—ΠΟΛΥ ωραία ιδέα!

—Το ξέρω, είπα. Αλλά θέλω πρώτα να φτιάξω κάτι μόνη μου για να δω πώς θα είναι.

Η επόμενη περίπου μία ώρα πέρασε σαν νερό. Η νεράιδα Ανγκόρα μού έδειξε πού ήταν τα πράγματα που χρειαζόμουν και έφτιαξα το πιο ΟΜΟΡΦΟ βραχιόλι φιλίας του κόσμου!

Είχε ροζ λαμπερές χάντρες και ροζ μικροσκοπικές καρδούλες, και το κούμπωμα ήταν μικρούλι και ασημένιο και είχε το σχήμα δύο χεριών που κρατά το ένα το άλλο.

—Σας ευχαριστώ ΠΑΡΑ ΠΟΛΥ, είπα όταν το τέλειωσα.

—Δε θα το φορέσεις; με ρώτησε η νεράιδα Ανγκόρα.

Δίστασα λίγο.

—Δε νομίζω, είπα.

Ένιωθα ότι ίσως είναι γρουσουζιά να το φορέσω πριν ξεκαθαρίσω την κατάσταση με τις φίλες μου.

—Καταλαβαίνω. Καλή τύχη! μου είπε η νεράιδα Ανγκόρα χαμογελώντας.

Για μια στιγμή αναρωτήθηκα μήπως ήξερε τι είχε συμβεί, αλλά δε θα μπορούσε να ξέρει. Παρ' όλα αυτά, ήταν παράξενη η συμπεριφορά της νεράιδας Ανγκόρα.

Την ώρα που επέστρεφα, χτύπησε το κουδούνι που μας ειδοποιούσε ότι ήταν

ώρα για ύπνο, οπότε κατευθύνθηκα προς τον Κόκκινο Κοιτώνα.

Ξέρεις πώς είναι να μπαίνεις σε ένα δωμάτιο και όλοι να σταματάνε να μιλά-

νε μόλις σε βλέπουν κι εσύ να ΞΕΡΕΙΣ ότι μιλούσαν για σένα; Λοιπόν, αυτό ακριβώς μου συνέβη.

—Συζητούσαμε τι να κάνουμε για το διαγωνισμό. Μία ιδέα ήταν να φτιάξουμε

χαριτωμένα μικρά μαξιλαράκια που θα έχουν ΑΚΡΙΒΩΣ το μέγεθος για να βάζουμε πάνω την τιάρα μας! Τι λες; είπε η Χλόη.

—Έλεγα μήπως θέλατε να φτιάξουμε βραχιόλια φιλίας, είπα και έδειξα το δικό μου.

—Ααααα! είπε η Τζόρτζια και τα μάτια της έλαμψαν, η Ολίβια χαμογέλασε, αλλά η Χλόη στεκόταν από το ένα πόδι στο άλλο σαν να μην ήξερε τι να κάνει.

—Εεε..., νομίζω ότι έχουμε ήδη αποφασίσει για τα μαξιλαράκια, είπε.

—Ακριβώς, είπε η Λόρεν και σταύρωσε τα χέρια της. Ήταν ιδέα της Έιμυ και σκεφτήκαμε ότι θα ένιωθε καλύτερα αν την επιλέγαμε. Με κοίταξε με νόημα και συνέχισε. Είναι ακόμα πολύ στεναχωρημένη.

Ένιωσα πάλι απαίσια και μάλιστα περισσότερο από πριν.

—Α μάλιστα, είπα και έβαλα αμέσως το βραχιόλι ξανά μέσα στην τσέπη μου.

Το βράδυ δεν κοιμήθηκα καθόλου καλά. Μου φαινόταν ΤΟΣΟ περίεργο. Ήξερα ότι δεν είχα πει τίποτα στις δίδυμες για το φόβο της Έιμυ, αλλά και πάλι ένιωθα σαν να είχα κάνει κάτι κακό.

—Ναι, αλλά ΔΕΝ έχεις κάνει τίποτα, έλεγα και ξαναέλεγα στον εαυτό μου. Αλήθεια, αλήθεια, τίποτα...

Στο τέλος κατάφερα να κοιμηθώ και είδα ένα σωρό περίεργα όνειρα... και τότε χτύπησε το ξυπνητήρι και έπρεπε να σηκωθούμε...

Κεφάλαιο Τέσσερα

Η μέρα δεν ξεκίνησε καλά. Καμιά δε μου μίλαγε στο πρωινό. Όταν μπήκα στην τραπεζαρία, είδα ότι η θέση στην οποία καθόμουν συνήθως ήταν πιασμένη. Έπρεπε να κάτσω αλλού και μόνη μου.

Η Ντάιαμοντ και η Γκρουέλα με κοίταξαν και άρχισαν αμέσως να χασκογελούν.

—Κοίτα! χλεύασε η Ντάιαμοντ. Τι έπαθαν οι φίλες του Κόκκινου Κοιτώνα;

—Απορώ γιατί δε μιλάει καμιά στην Τζέσικα. Δεν υποτίθεται ότι είναι οι καλύτερες φίλες; συνέχισε η Γκρουέλα.

–Ακριβώς, κάγχασε η Ντάιαμοντ. Και ΣΙΓΟΥΡΑ θα μπουν επικεφαλής της πομπής της Φιλίας...

–Και η καημένη η Έιμυ θα πέσει από το πόνι της!

Η Γκρουέλα γελούσε τόσο πολύ, που παραλίγο να πέσει από την καρέκλα της.

—Δεν ήξερα ΤΙ να κάνω. Κοίταζα κάτω, το τραπέζι μπροστά μου και έκανα τα αδύνατα δυνατά για να τις αγνοώ. Εκείνη τη στιγμή άνοιξε η πόρτα και η

νεράιδα Τζέι μπήκε φορτσάτη στην αίθουσα.

—Λοιπόν, γλυκές μου, είπε, είναι ώρα να δούμε ποιος κοιτώνας είχε την καλύτερη ιδέα για το Δώρο Φιλίας! Από τον Κίτρινο Κοιτώνα, τι σκεφτήκατε;

Η πριγκίπισσα Χάνα σηκώθηκε όρθια.

—Σκεφτήκαμε να φτιάξουμε κεντητά μαντιλάκια, είπε, με μικρές τιάρες σε κάθε γωνία.

—Ωραία! Ωραία! Και ο Πορτοκαλί Κοιτώνας; είπε η νεράιδα Τζέι.

Από τον Πορτοκαλί Κοιτώνα είπαν ότι σκέφτηκαν κάθε Δευτέρα πρωί να γυαλίζουν τις τιάρες η μία της άλλης και από το Μοβ Κοιτώνα είπαν ότι σκέφτηκαν να διοργανώσουν ένα Πάρτι Φιλίας.

Η Γκρουέλα πετάχτηκε ξαφνικά και φώναξε:

—ΕΜΑΣ δε μας ρωτήσατε, νεράιδα Τζέι!

—Σωστά, είπε με ένα τίναγμα του κεφαλιού της προς τα πίσω η Ντάιαμοντ. Έχουμε την ΚΑΛΥΤΕΡΗ ιδέα από όλες. Θα δώσουμε σε όλες τις πριγκίπισσες το αυτόγραφό μας!

—Κι όταν γίνουμε διάσημες, θα μπορούν να το κορνιζάρουν, πρόσθεσε η Γκρουέλα.

Η νεράιδα Τζέι δε φάνηκε να εντυπωσιάστηκε με αυτή την ιδέα.

—Μάλιστα. Λοιπόν, τώρα ας ακούσουμε το Ροζ Κοιτώνα, είπε.

Η Έμιλυ είπε για τις βεντάλιες. Η νεράιδα Τζέι κούνησε το κεφάλι της επιδοκιμαστικά.

—Κι εσείς από τον Κόκκινο Κοιτώνα; Έχετε καμιά ωραία ιδέα για το δώρο φιλίας;

—ΑΥΤΕΣ δεν αξίζει να κερδίσουν, νεράιδα Τζέι, τη διέκοψε η ανάγωγη Ντάιαμοντ. Ούτε που μιλάνε στην Τζέσικα!

—Ακριβώς! μπήκε στη μέση και η Γκρουέλα. ΕΜΕΙΣ πρέπει να είμαστε επικεφαλής πάνω στα γκρίζα πόνι, όχι ΑΥΤΕΣ!

Η νεράιδα Τζέι έριξε μια περίεργη ματιά στην Γκρουέλα.

—Πριγκίπισσα Γκρουέλα, είπε και κάτι στη φωνή της μας έκανε να μείνουμε όλες ακίνητες και να την ακούμε προσεκτικά, μπορείς να μου πεις πώς ξέρεις τι χρώμα είναι τα πόνι;

—Η Λόρεν είπε ότι είναι γκρίζα! είπε η Γκρουέλα. Την ακούσαμε να το λέει, έτσι δεν είναι, Ντάιαμοντ; Στο αναγνωστήριο – οχ!

Σταμάτησε να μιλάει και έβγαλε μια τσιρίδα. Η Ντάιαμοντ την τσιμπούσε για να σταματήσει.

Οι φίλες μου με κοίταζαν και άρχισαν να μιλάνε όλες μαζί.

Η νεράιδα Τζέι άρχισε να φουσκώνει, κάτι που συμβαίνει πάντα όταν είναι θυμωμένη.

—ΤΙ ΣΥΜΒΑΙΝΕΙ ΕΠΙΤΕΛΟΥΣ; φώναξε η νεράιδα Τζέι.

Η Έιμυ προχώρησε μπροστά κι έκανε μια βαθιά υπόκλιση.

—Νεράιδα Τζέι, είπε με τρεμάμενη φωνή. Νομίζω ότι καμιά από μας στον Κόκκινο Κοιτώνα δε δικαιούται να είναι πρώτη στην πομπή... εκτός από την Τζέσικα. Κοίταξε τη Λόρεν και τις υπόλοιπες. Ήμασταν... ήμασταν οι χειρότερες φίλες για την καημένη την Τζέσικα και θέλω να της ζητήσω ειλικρινά συγνώμη. Προχώρησε προς το μέρος μου και έπιασε το χέρι μου. Θα με συγχωρήσεις ποτέ;

Έγινα ΚΑΤΑΚΟΚΚΙΝΗ.

– Φυσικά, μουρμούρισα.

– Ο ΚΟΚΚΙΝΟΣ ΚΟΙΤΩΝΑΣ ΝΑ ΜΟΥ ΕΞΗΓΗΣΕΙ ΑΜΕΣΩΣ ΤΙ ΣΥΜΒΑΙΝΕΙ! ακούστηκε η φωνή της νεράιδας Τζέι, τόσο δυνατά, που τρόμαξα.

Η Χλόη σήκωσε το χέρι της.

– Νεράιδα Τζέι, είπε, όλα ξεκίνησαν από ένα μυστικό που μας είπε η Έιμυ και εμείς δεν ξέραμε ότι οι δίδυμες κρύβονταν στο αναγνωστήριο και ότι το είχαν ακούσει. Και μετά είπαν στην Έιμυ ότι η Τζέσικα τους το μαρτύρησε...

Η Ολίβια κούναγε καταφατικά το κεφάλι.

Η Τζέσικα μας είπε ότι τις είχε δει στο αναγνωστήριο, αλλά εμείς δεν την πιστέψαμε...

—Αποκλείεται να μας είχε δει η Τζέσικα! τσίριξε η Γκρουέλα. Κρυβόμασταν πίσω από τη βιβλιοθήκη!

Η νεράιδα Τζέι κοίταξε διαπεραστικά την Γκρουέλα.

—Και ΓΙΑΤΙ παρακαλώ κρυβόσασταν; ρώτησε.

Η Γκρουέλα κατέβασε το κεφάλι και δεν απάντησε.

—Ντάιαμοντ; Μήπως μπορείς εσύ να μου πεις; ρώτησε η νεράιδα Τζέι, αλλά ούτε η Ντάιαμοντ απάντησε. Κοίταζε το τραπέζι και σκάλιζε τα νύχια της.

Η νεράιδα Τζέι σταύρωσε τα χέρια της.

–Ένα από τα πιο σημαντικά πράγματα σε μία φιλία είναι να μπορείτε να λύνετε τις παρεξηγήσεις και να συγχωρείτε η μία την άλλη, είπε. Τζέσικα, τι έχεις να πεις;

–Το μόνο που έχω να πω είναι ότι έχω τις καλύτερες φίλες του κόσμου!

–Τέλεια, είπε η νεράιδα Τζέι. ΕΣΕΙΣ τι έχετε να πείτε, Ντάιαμοντ και Γκρουέλα;

Έπεσε σιωπή για αρκετή ώρα και μετά οι δίδυμες ψιθύρισαν:

–Συγνώμη.

–Το λύσαμε, λοιπόν, είπε η νεράιδα Τζέι και κοίταξε την Έιμυ. Δε μου είπατε όμως, ποια είναι η ιδέα σας για το δώρο φιλίας;

Η Έιμυ, η Χλόη, η Λόρεν, η Ολίβια και η Τζόρτζια κοιτάχτηκαν μεταξύ τους και μετά κοίταξαν εμένα.

—Βραχιόλια φιλίας! είπαν με μια φωνή.

—Πολύ ωραία, είπε η νεράιδα Τζέι. Υπέροχη ιδέα!

Μια ιδέα τότε μου ήρθε ξαφνικά στο μυαλό.

—Με συγχωρείτε, είπα, θα μπορούσαμε να φτιάξουμε βραχιόλια και για τις δίδυμες;

Η νεράιδα Τζέι σήκωσε το ένα της φρύδι.

—Και γιατί παρακαλώ;

—Γιατί αυτές χρειάζονται πολύ περισσότερο από μας να μάθουν τι θα πει φιλία, είπα και ένιωθα πάλι να κατακοκκινίζω.

—Σωστά. Η νεράιδα Τζέι μού χάρισε ένα τεράστιο χαμόγελο. Και μόνο για αυτό, ανακηρύσσω τις πριγκίπισσες του Κόκκινου Κοιτώνα νικήτριες! Θα είστε επικεφαλής της αυριανής πομπής πάνω στα γκρίζα πόνι!

Κεφάλαιο Πέντε

Το Φεστιβάλ Φιλίας ήταν ΚΑΤΑΠΛΗΚΤΙΚΟ. Μέχρι να φτάσουμε, οι φίλες μου με είχαν εξαντλήσει, λέγοντάς μου συνέχεια πόσο λυπούνται, ώσπου τους είπα ότι θα ΠΑΨΟΥΝ να είναι φίλες αν μου το ξαναπούν άλλη μία φορά!

Και ξέρεις τι άλλο έγινε; Η νεράιδα Τζέι ακούμπησε το βραχιόλι μου με το μαγικό της ραβδί και ξαφνικά τα βραχιόλια έγιναν ΟΧΤΩ. Ένα για την καθεμία από εμάς και ένα για την Ντάιαμοντ

και την Γκρουέλα – οι οποίες ΔΕΝ είπαν «ευχαριστώ».

Η Έιμυ δεν είχε κανένα πρόβλημα – η νεράιδα Τζέι ήταν μαζί με τη νεράιδα

Ανγκόρα σε μια πολύ γλυκιά ασημένια άμαξα και ζήτησαν από την Έιμυ να τις συνοδεύσει. Κάναμε πολλούς κύκλους

στην πόλη, χαμογελούσαμε και χαιρετούσαμε τον κόσμο συνέχεια, μέχρι που νόμιζα ότι το χέρι μου θα μείνει για πάντα στον αέρα!

Όταν τέλειωσε η πομπή, μας περίμενε μια υπέροχη έκπληξη: ένα ΤΕΡΑΣΤΙΟ πικνίκ δίπλα στη λίμνη, που βρίσκεται πίσω από τη Βασιλική Ακαδημία. Τα δέντρα ήταν γεμάτα με πολύχρωμα φωτεινά φαναράκια και τα τραπέζια ήταν γεμάτα με πορσελάνινα πιάτα, όλα φορτωμένα με πεντανόστιμα φαγητά και γλυκά. Τριγύρω μας παντού ήταν σκορπισμένα τα πιο γλυκά ροζ μαξιλαράκια για να καθόμαστε αν θέλουμε. Εμείς φορούσαμε τα καλοκαιρινά μας φορέματα χορού και χορεύαμε ακατάπαυστα κάτω από το βελουδένιο ουρανό, τον

πλημμυρισμένο με χιλιάδες ασημένια αστεράκια.

Αλλά η καλύτερη στιγμή ήταν στο τέλος της βραδιάς, που κατευθυνόμουν προς τον κοιτώνα μας. Είδα την Γκρουέλα να στέκεται δίπλα στην πόρτα και όταν την έφτασα, μου έδωσε κάτι στο χέρι.

—Συγνώμη, γρύλισε και έφυγε.

Όταν κοίταξα το χέρι μου, είδα ότι μου είχε δώσει ένα μικρό σημείωμα που έλεγε:

Σε ευχαριστώ για το βραχιόλι, Τζέσικα.
Μακάρι να ήσουν η καλύτερή μου φίλη.
Θα ήταν όλα πιο εύκολα.
Γκρουέλα

Όταν ξάπλωσα στο κρεβάτι μου εκείνο το βράδυ, ήμουν ΤΡΕΛΑ ευτυχισμένη, γιατί είχα τις πιο υπέροχες φίλες στον κόσμο... και γιατί είσαι κι ΕΣΥ φίλη μου!

Τιάρα Κλαμπ

Επισκεφθείτε την ιστοσελίδα του ΤΙΑΡΑ ΚΛΑΜΠ

www.tiaraclub.co.uk

Θα βρείτε παιχνίδια για Ιδανικές Πριγκίπισσες

και θα μάθετε τα νέα του ΤΙΑΡΑ ΚΛΑΜΠ!

Τι συμβαίνει μετά στην Ακαδημία;
Διάβασε τη συνέχεια:

Η Πριγκίπισσα Τζόρτζια
και το **Αστραφτερό Διαμάντι**

Γεια σου! Χαίρομαι που σε γνωρίζω!

Είμαι η πριγκίπισσα Τζόρτζια και μοιράζομαι τον Κόκκινο Κοιτώνα μαζί με τη Χλόη, την Τζέσικα, την Ολίβια, τη Λόρεν και την Έιμυ - και είμαστε κολλητές φίλες.

Προσπαθούμε να γίνουμε ΠΡΑΓΜΑΤΙΚΑ Ιδανικές Πριγκίπισσες αλλά... μάντεψε! Δεν είναι πάντα εύκολο!

Χαίρομαι που είσαι εδώ στο Ρουμπινένιο Μέγαρο μαζί μας - πρόσεχε όμως, γιατί εδώ είναι και οι απαίσιες δίδυμες, η Νταϊαμοντ και η Γκρουέλα. Είναι ΤΟΣΟ κακιές!

Αλλά εμείς θα σε προσέχουμε.

Γιατί είσαι φίλη μας!

Τιάρα
Κλαμπ

Η Πριγκίπισσα Σαρλότ
και ο Πριγκιπικός Χορός

Η Πριγκίπισσα Κέιτ
και το Ασημένιο Πόνι

Η Πριγκίπισσα Νταίζυ
και ο Λαμπερός Δράκος

Η Πριγκίπισσα Αλίκη
και ο Μαγικός
Καθρέφτης

Η Πριγκίπισσα Σοφία
και η Απίστευτη
Έκπληξη

Η Πριγκίπισσα Έμιλυ
και η Πανέμορφη
Νεράιδα

Τιάρα Κλαμπ στον Ασημένιο Πύργο

Η Πριγκίπισσα Σαρλότ και το Μαγεμένο Τριαντάφυλλο

Η Πριγκίπισσα Κέιτ και το Σκουπόξυλο που Χορεύει

Η Πριγκίπισσα Νταίζυ και το Μαγικό Λούνα Παρκ

Η Πριγκίπισσα Αλίκη και το Κρυστάλλινο Γοβάκι

Η Πριγκίπισσα Σοφία και το Πάρτι του Πρίγκιπα

Η Πριγκίπισσα Έμιλυ και το Πεφταστέρι

Τιάρα Κλαμπ

στο Ρουμπινένιο Μέγαρο

Η Πριγκίπισσα Έιμυ και η Χρυσή Άμαξα

Η Πριγκίπισσα Χλόη και το Τριανταφυλλένιο Φόρεμα

Η Πριγκίπισσα Τζόρτζια και το Αστραφτερό Διαμάντι

Η Πριγκίπισσα Τζέσικα και το Βραχιόλι της Φιλίας

Η Πριγκίπισσα Λόρεν και το Διαμαντένιο Κολιέ

Η Πριγκίπισσα Ολίβια και ο Βελούδινος Μανδύας